Beth ydy Trychfilyn?

Anifail bychan ydy trychfilyn. Mae gan y trychfilyn chwech o goesau a thair rhan i'w gorff.

Tair prif ran corff y trychfilyn ydy'r pen, y **thoracs** a'r **abdomen**.

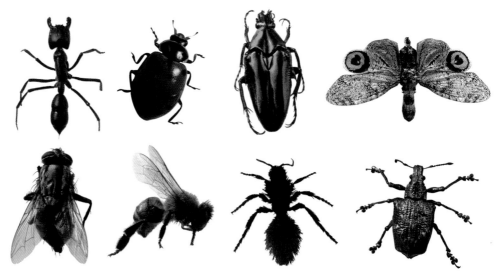

Mae **teimlyddion** gan bob trychfilyn. Mae dau deimlydd ganddo er mwyn gallu teimlo, blasu ac arogli.

Does dim esgyrn ganddo. Mae ganddo gragen galed sy'n amddiffyn ei gorff. Mae'r gragen galed hon yn ffurfio sgerbwd y tu allan i gorff y trychfilyn – y **sgerbwd allanol** ydy'r enw arno.

4

ffeithIAU! ANIFEILIAID

Trychfilod

Trychfilod

cynnwys

Y fersiwn Saesneg:
Cyhoeddwyd gan © Blake Publishing Pty Ltd 2002
Deunydd ychwanegol gan © A & C Black Publishers Ltd 2003
Cyhoeddwyd gyntaf yn 2002 yn Awstralia gan Blake Education Pty Ltd
Cyhoeddwyd gyda chaniatâd Blake Publishing Pty Ltd, Glebe, NSW, Awstralia
Cedwir y cyfan o'r hawliau
Ysgrifennwyd gan Paul McEvoy
Ymgynghorydd Gwyddoniaeth: Dr Max Moulds, Entomolegydd, Amgueddfa
Awstralia
Dylunio a gosod gan The Modern Art Production Group
Lluniau gan Photodisc, Stockbyte, John Foxx, Corbis, Imagin, Artville a Corel

Y fersiwn Cymraeg:
© Addasiad Cymraeg: Awdurdod Cymwysterau, Cwricwlwm ac Asesu Cymru 2005

Cyhoeddir y fersiwn Cymraeg gan:

@ebol, Adeiladau'r Fagwyr, Llandre, Aberystwyth, Ceredigion SY24 5AQ

ISBN 1-905255-10-1

Addasiad Cymraeg gan Glyn a Gill Saunders Jones
Dyluniwyd gan Owain Hammonds
Aelodau'r Pwyllgor Monitro: Helen Lloyd Davies, Ysgol Penrhyn-coch, Aberystwyth
                             Gwenda Francis, Ysgol Melin Gruffydd, Caerdydd
                             Heulwen Harris, Ysgol Bodhyfryd, Wrecsam
                             Nia Jones, ACCAC
                             Rhian Pierce Jones, Ysgol Moelfre, Ynys Môn
Ymgynghorydd Iaith: Gwen Evans

Argraffwyd gan: Gwasg Gomer, Llandysul

Mae rhai trychfilod
yn gallu hedfan.
Mae sioncyn y gwair
yn gallu hedfan.

5

Mathau o Drychfilod

Mae nifer o fathau gwahanol (rhywogaeth) o drychfilod. Mae yna fwy na 800,000 o wahanol fathau o drychfilod.

Mae gan lawer o drychfilod adenydd. Mae trychfilod yn hedfan i chwilio am fwyd. Maen nhw hefyd yn hedfan i osgoi perygl. Mae'r glöyn byw, y chwilen a'r wenynen yn gallu hedfan.

Mae rhai trychfilod yn byw gyda'i gilydd fel un teulu mawr. Mae morgrug, gwenyn a gwenyn meirch yn byw fel un teulu mawr. Yr enw ar y teulu mawr hwn ydy **cytref**.

Mae trychfilod yn bwydo mewn dwy ffordd. Mae rhai ohonyn nhw, fel y morgrug a'r lindys, yn brathu ac yn cnoi eu bwyd. Mae trychfilod eraill, fel y glöyn byw a'r mosgito, yn sugno eu bwyd trwy diwb gwag.

6

Mae adenydd
gwenynen fêl yn curo
200 gwaith bob eiliad.

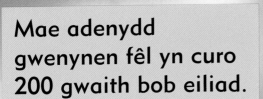

Mae gwas y
neidr yn gallu
hedfan yn
gyflym iawn.

Mae gwenyn
meirch yn hoffi
cnoi eu bwyd,
fel y ffrwyth
hwn.

7

Glöyn Byw

Trychfilyn gydag adenydd mawr ydy'r glöyn byw. Mae gan y glöyn byw chwech o goesau a thair rhan i'w gorff.

teimlyddion

adain

pen

thoracs

abdomen

Mae tair rhan i'w gorff sef y pen, y thoracs a'r abdomen. Mae gan y glöyn byw adenydd hefyd. Mae'r glöyn byw yn defnyddio ei adenydd lliwgar i hedfan ac i ddenu cymar.

Mae dau o deimlyddion gan y glöyn byw. Mae'n eu defnyddio i deimlo, blasu ac arogli.

Lindys ydy'r glöyn byw ar ddechrau ei fywyd. Mae'r lindys hwn yn newid i fod yn löyn byw. Y gair am y newid hwn ydy **metamorffosis**.

Glöyn byw yn paratoi i hedfan.

Y MWYAF!
Mae adenydd y glöyn byw hwn mor llydan â llaw dyn.

Trychfilyn	Nifer y Rhywogaethau
glöyn byw	15,000
gwyfyn	120,000

Cylch Bywyd Glöyn Byw

Dyma sut mae'r glöyn byw yn tyfu o'r wy i fod yn oedolyn.

1 Mae'r glöyn byw yn dodwy ei wyau ar blanhigyn. Mae lindys bychan yn deor o bob wy.

2 Bydd y lindys yn bwyta rhan o'r planhigyn. Bydd y lindys yn tyfu'n gyflym.

3 Mae cragen galed yn tyfu o gwmpas y lindys. Y gair am y gragen galed hon ydy **chwiler**. Mae corff y lindys yn newid y tu mewn i'r chwiler.

4 Mae glöyn byw yn dod allan o'r chwiler. Oedolyn ydy'r glöyn byw.

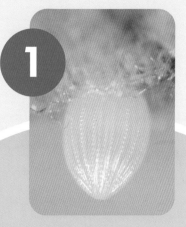

1

wy

2

lindys

4

glöyn byw

3

chwiler

11

Gwenynen

Trychfilyn sy'n hedfan ydy'r wenynen. Mae ganddi chwech o goesau a thair prif ran i'w chorff.

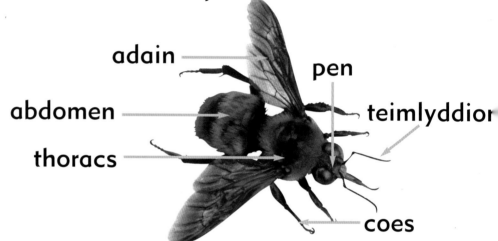

adain

pen

abdomen

teimlyddior

thoracs

coes

Mae pen, thoracs ac abdomen gan wenynen. Mae dau bâr o adenydd gan wenynen. Mae ganddi ddau deimlydd er mwyn iddi allu teimlo, blasu ac arogli.

Mae'r gwenyn mêl yn byw a gweithio gyda'i gilydd o fewn y gytref. Gair arall ar y gytref ydy'r **cwch gwenyn**. Mae brenhines ym mhob cwch. Bydd rhai o'r gwenyn yn gofalu am y frenhines a'r gwenyn bach sy'n tyfu – dyna eu gwaith.

Bydd y gwenyn eraill yn hedfan allan i chwilio am fwyd. Bydd y gwenyn yn casglu **neithdar** a phaill o'r blodau.

Mae'r gwenyn mêl yma yn gweithio yn y cwch gwenyn.

ffeith**IAU**!

WYDDOCH CHI?

Mae'r frenhines yn dodwy hyd at 1,500 o wyau bob dydd.

Trychfilyn	Nifer y Rhywogaethau
gwenyn mêl	1,000
gwenyn meirch	110,000

Cylch Bywyd Gwenynen

Dyma sut mae gwenynen fêl yn tyfu o'r wy i fod yn oedolyn.

1 Y frenhines sy'n dodwy'r wyau. Mae hi'n dodwy'r wyau fesul un mewn cell fêl unigol. (Y gair am y gell fêl ydy **dil mêl**).

2 Mae pob wy yn tyfu i fod yn **larfa**. Mae'r gwenyn sy'n weithwyr yn bwydo'r larfa, ac yn gofalu am y larfa.

3 Mae'r larfa yn tyfu i fod yn **pwpa**. Mae'r pwpa yn troi yn wenynen.

4 Wedi iddi dyfu bydd y wenynen yn torri allan o'r dil mêl. Mae'n cymryd tua thair wythnos i dyfu o fod yn wy i fod yn oedolyn.

Morgrugyn

Trychfilyn ydy'r morgrugyn. Mae gan y morgrugyn chwech o goesau a thair prif ran i'w gorff.

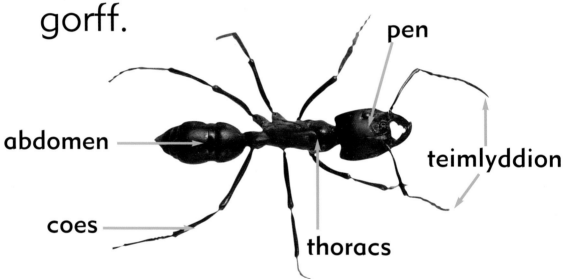

abdomen

coes

pen

teimlyddion

thoracs

Mae tair rhan i gorff y morgrugyn. Y tair rhan yma ydy'r pen, y thoracs a'r abdomen.

Mae dau deimlydd gan y morgrugyn. Mae'r morgrugyn yn eu defnyddio nhw i deimlo, blasu ac arogli.

Maen nhw'n byw mewn cytref fawr. Y gair am y gytref hon ydy nyth. Mae llawer o ystafelloedd mewn un nyth.

Mae'r morgrug yma yn cario wyau a larfau.

ffeith**IAU**!

WYDDOCH CHI?

Mae rhai morgrug yn debyg i ffermwyr! Yn gyntaf, maen nhw'n cario dail i'r nyth. Wedyn, maen nhw'n cnoi'r dail fel bod ffwng yn tyfu dros y dail. Yna, mae'r morgrug yn bwyta'r ffwng!

Trychfilyn	Nifer y Rhywogaethau
morgrug	dros 8,000

Cylch Bywyd Morgrugyn

Dyma sut mae morgrugyn yn tyfu o'r wy i fod yn oedolyn.

1 Mae brenhines gan bob cytref o forgrug. Y frenhines sy'n dodwy'r wyau. Mae'r gweithwyr yn cario'r wyau i ystafelloedd eraill yn y nyth.

2 Mae larfa yn deor o'r wyau. Mae morgrug eraill yn gofalu am y larfau.

3 Mae cragen galed yn tyfu dros bob larfa – dyma'r pwpa.

4 Ar ôl dwy neu dair wythnos, mae oedolyn yn dod allan o'r gragen.

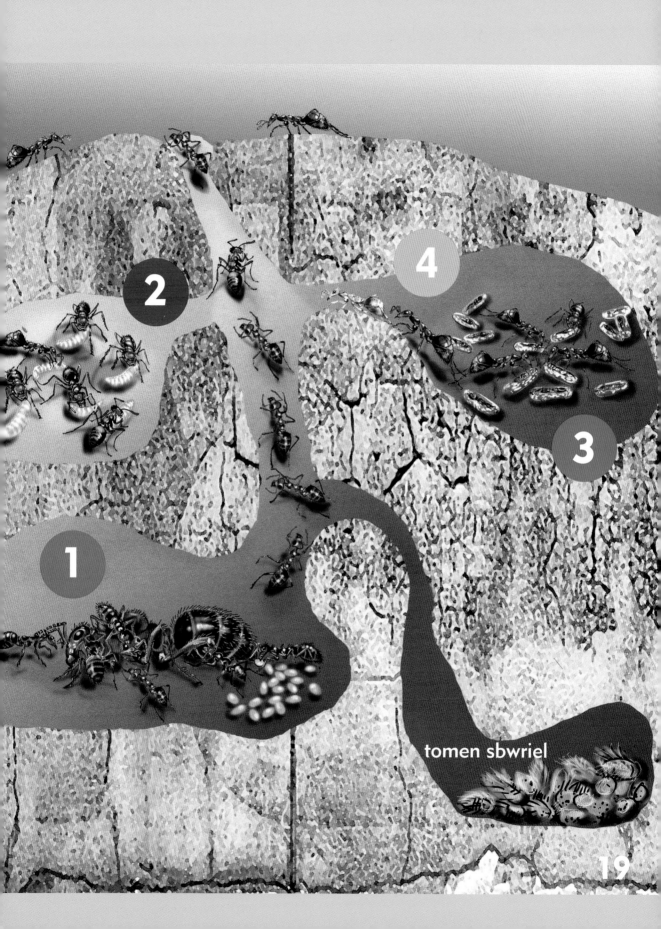

tomen sbwriel

Chwilen

Trychfilyn ydy'r chwilen. Mae gan y chwilen chwech o goesau a thair rhan i'w chorff.

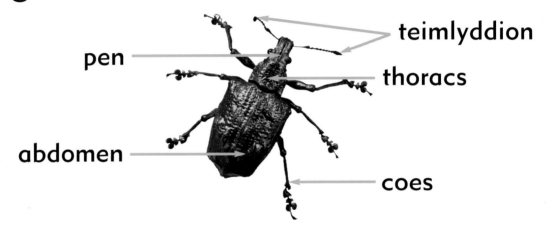

teimlyddion

pen

thoracs

abdomen

coes

Mae tair rhan i gorff y chwilen sef y pen, y thoracs a'r abdomen.

Mae pâr arall o adenydd wedi eu cuddio o dan y pâr o adenydd sydd ar y tu allan. Mae'r adenydd allanol yn gwneud cragen galed o gwmpas corff y chwilen.

Mae yna nifer o fathau gwahanol o chwilod. Mae mwy o chwilod ar y Ddaear nag unrhyw drychfilyn arall. Maen nhw'n byw ymhob rhan o'r Ddaear. Ond dydyn nhw ddim yn byw yn y môr.

Gallwch weld dau bâr o adenydd ar y fuwch goch gota yma.

Y TRYMAF!

Mae chwilen goliath yn gallu pwyso cymaint â thair llygoden!

Trychfilyn	Nifer y Rhywogaethau
chwilen	mwy na 300,000

	1	2	3	4
glöyn byw	wy	lindysyn	pwpa	oedolyn
morgrugyn	wy	larfa	pwpa	oedolyn
gwenynen	wy	larfa	pwpa	oedolyn
chwilen	wy	lindysyn	pwpa	oedolyn

Rhestr Geiriau

abdomen	y rhan olaf o gorff trychfilyn
cwch gwenyn	cartref y gwenyn mêl
cytref	teulu o drychfilod sy'n byw gyda'i gilydd
chwiler	y gragen o groen caled sydd o gwmpas y pwpa
dil mêl	ystafelloedd bach o gwyr mewn cwch gwenyn
larfa	trychfilyn ifanc. Mae'n feddal ac yn debyg i fwydyn
metamorffosis	newid o un ffurf i ffurf arall
neithdar	bwyd melys sy'n dod o blanhigion. Mae'r gwenyn yn casglu'r bwyd hwn i wneud mêl
pwpa	y trychfilyn sydd y tu mewn i'r chwiler
sgerbwd allanol	y sgerbwd sydd ar y tu allan i gorff y trychfilyn
teimlyddion	y ddau ddarn hir tenau ar ben y trychfilyn. Maen nhw'n cael eu defnyddio ar gyfer teimlo, blasu ac arogli
thoracs	rhan o gorff y trychfilyn sydd rhwng y pen a'r abdomen

Mynegai